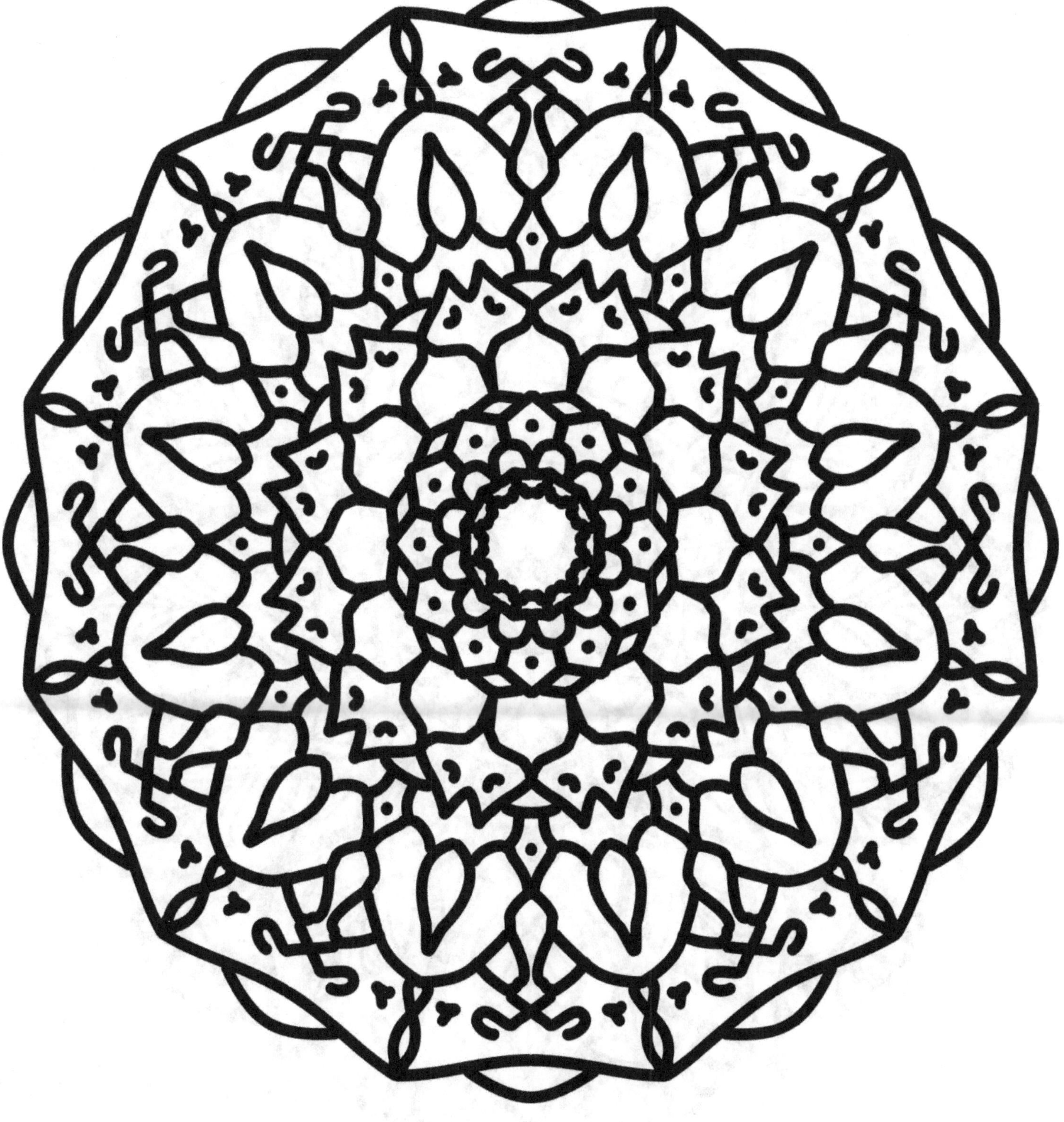

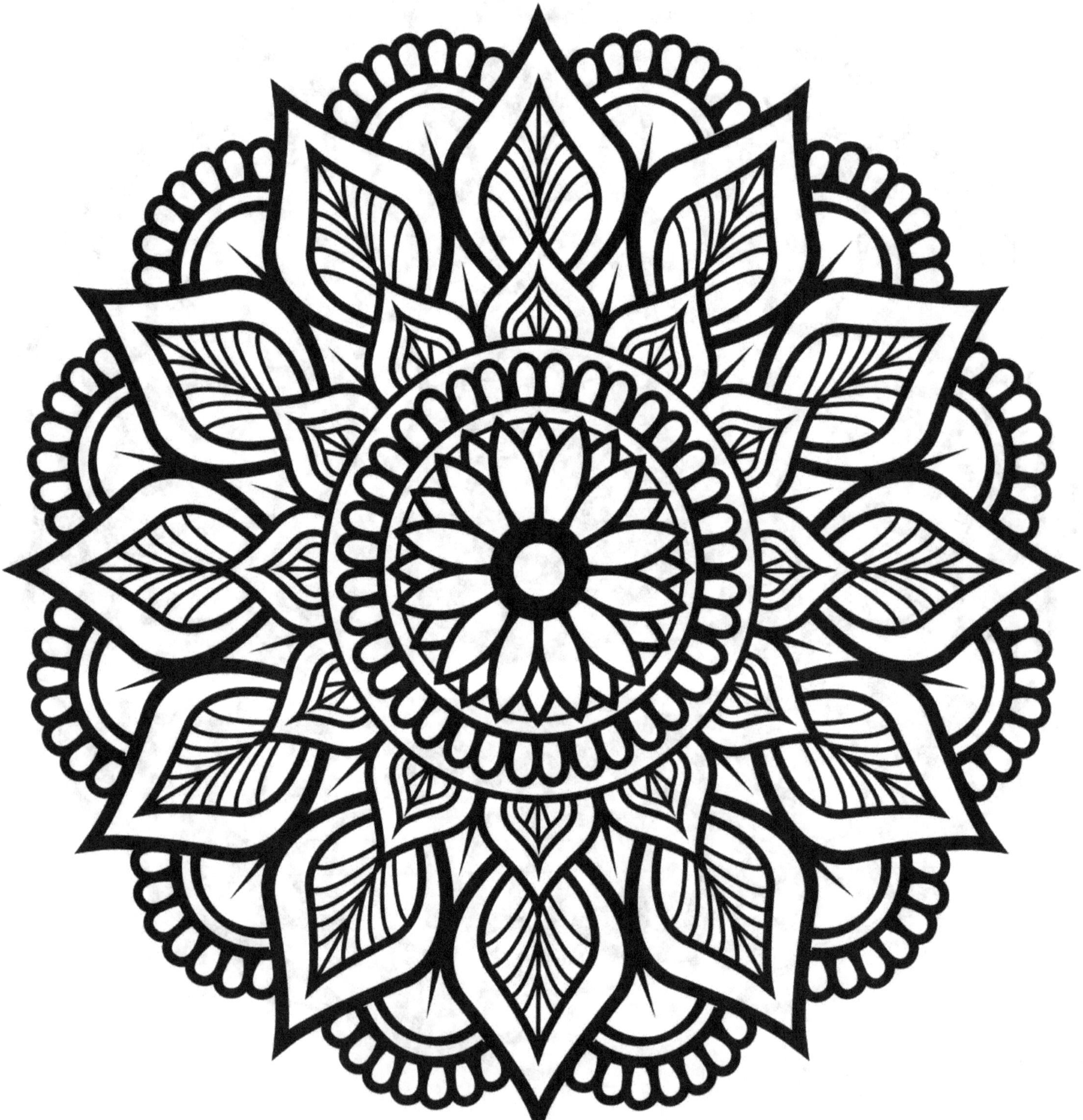

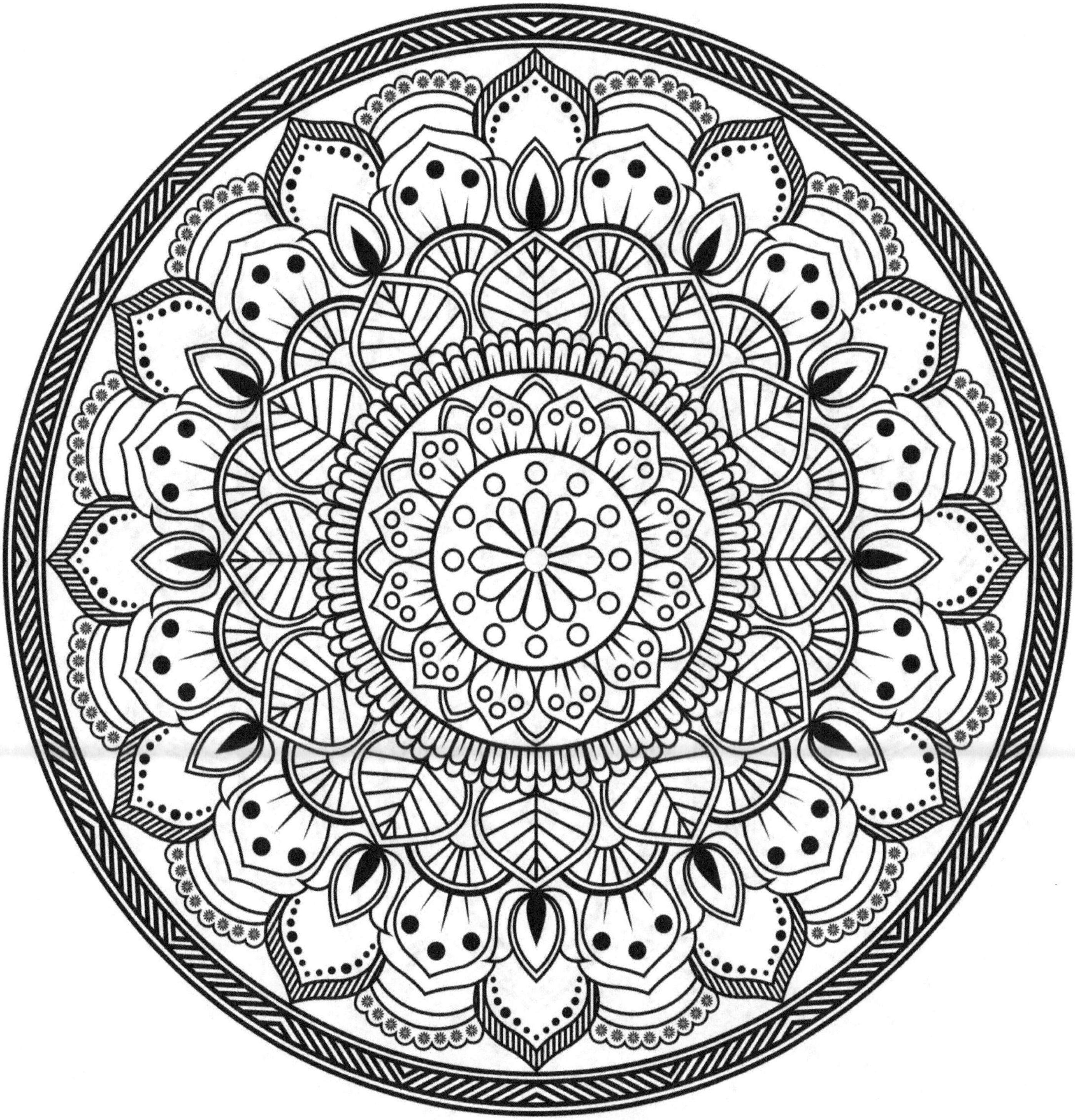

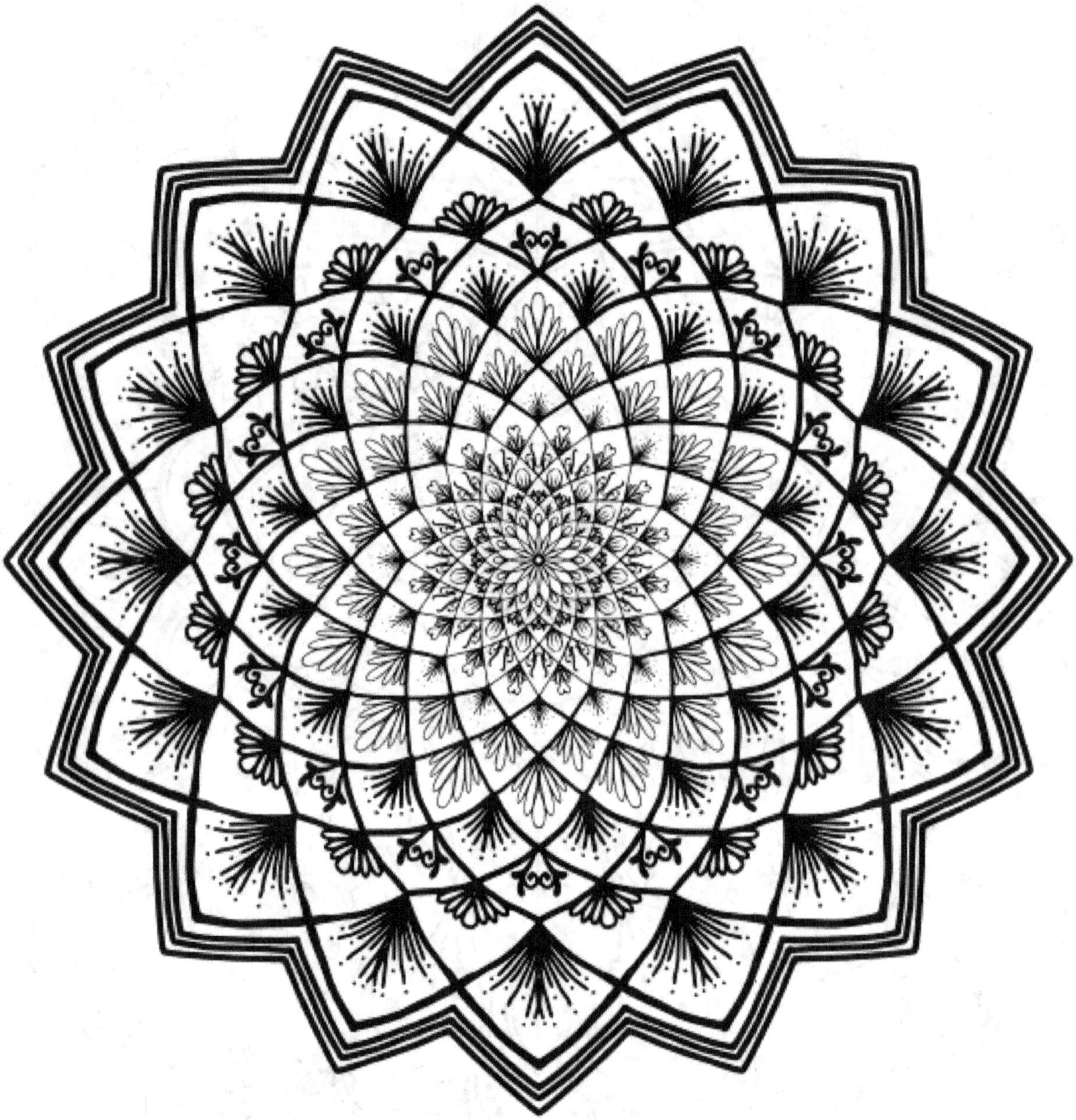

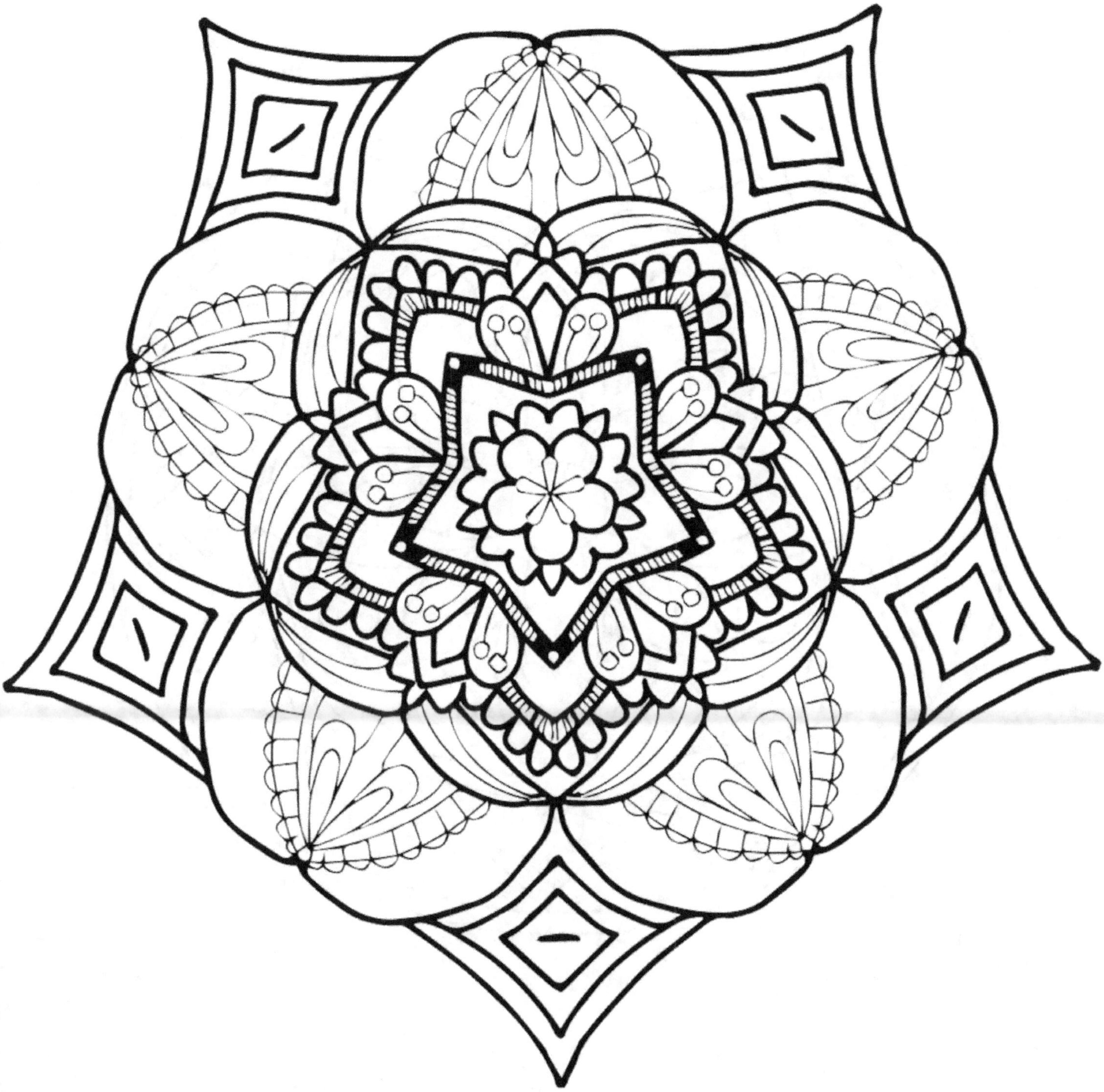

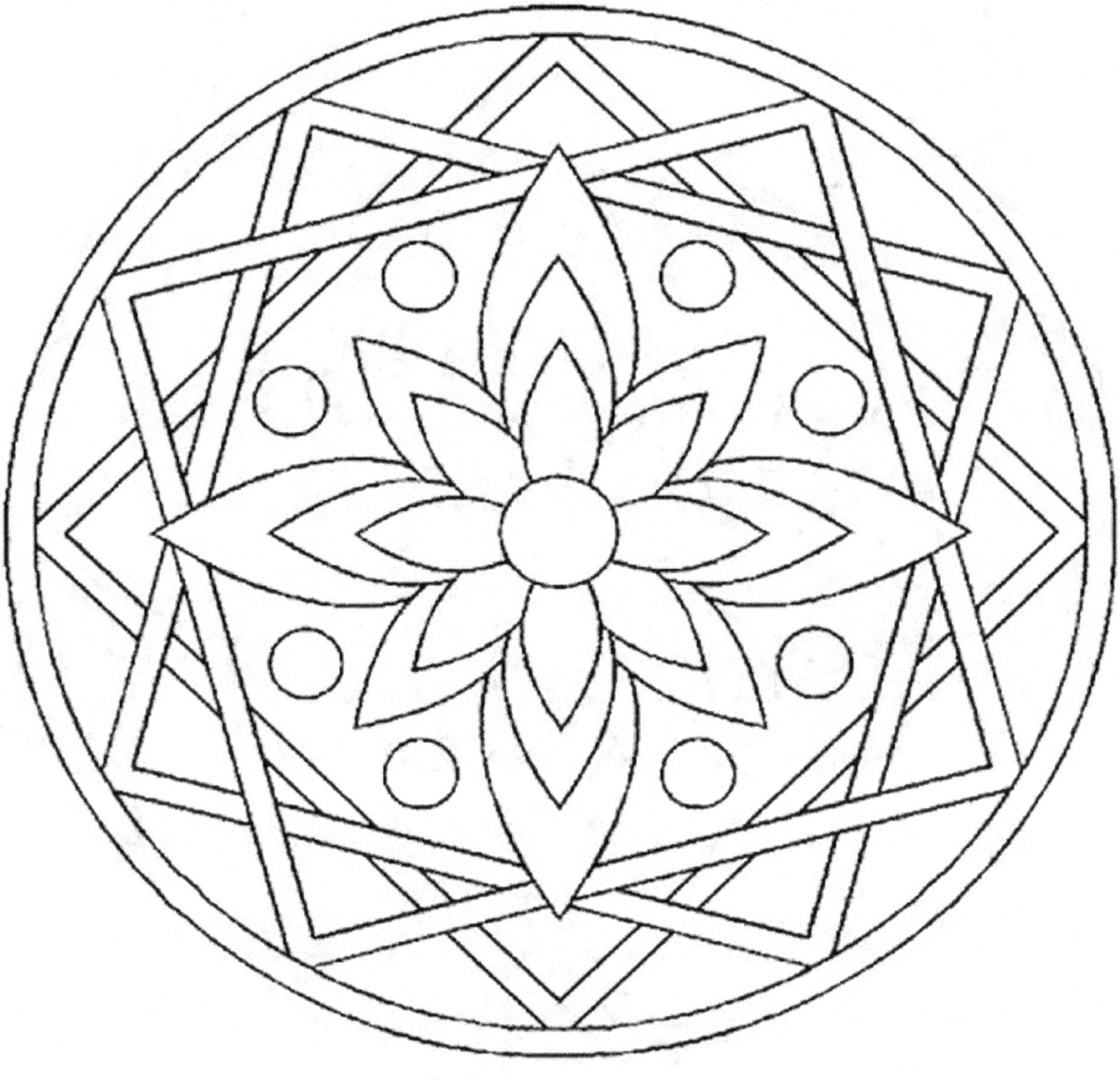

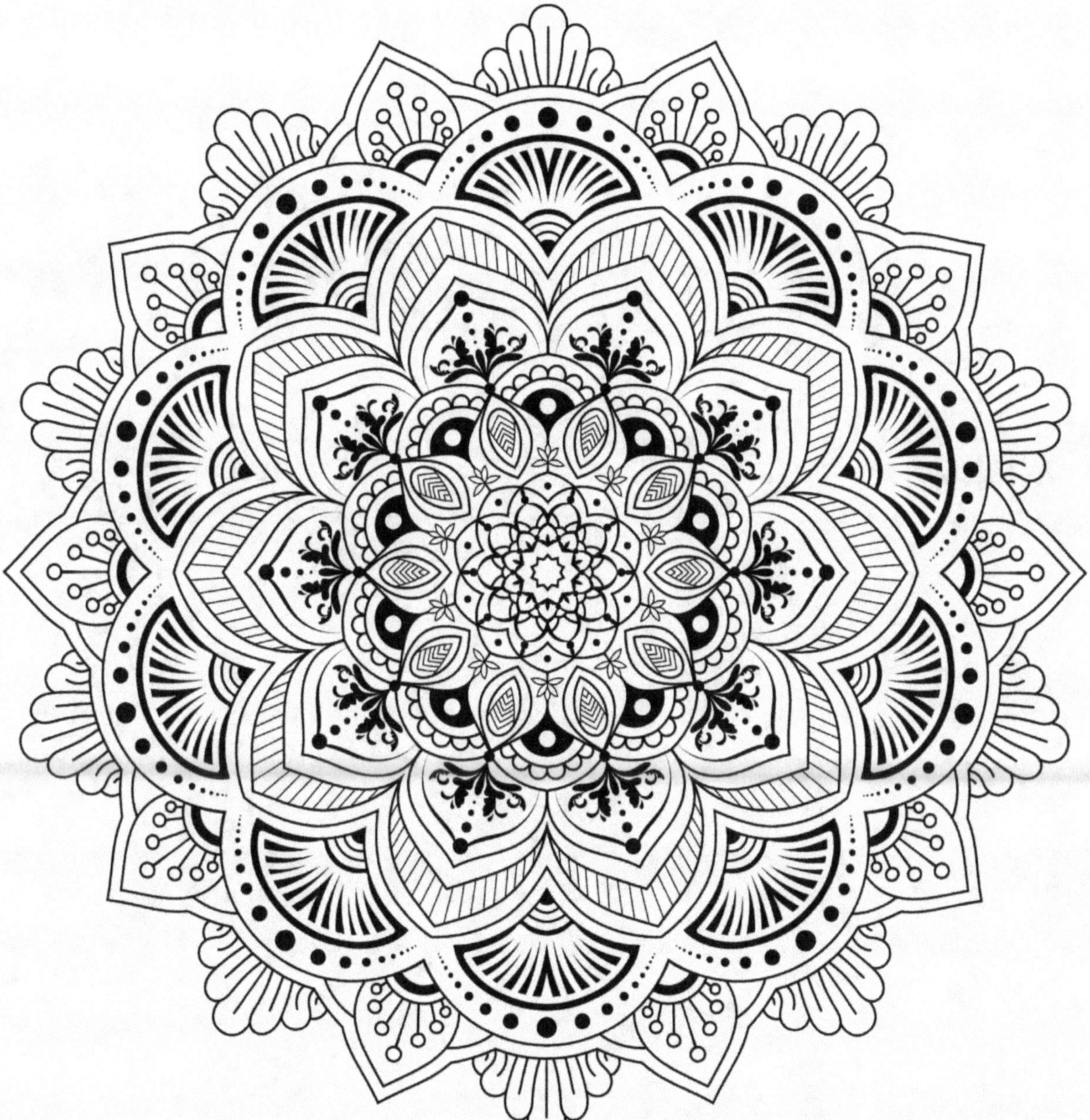

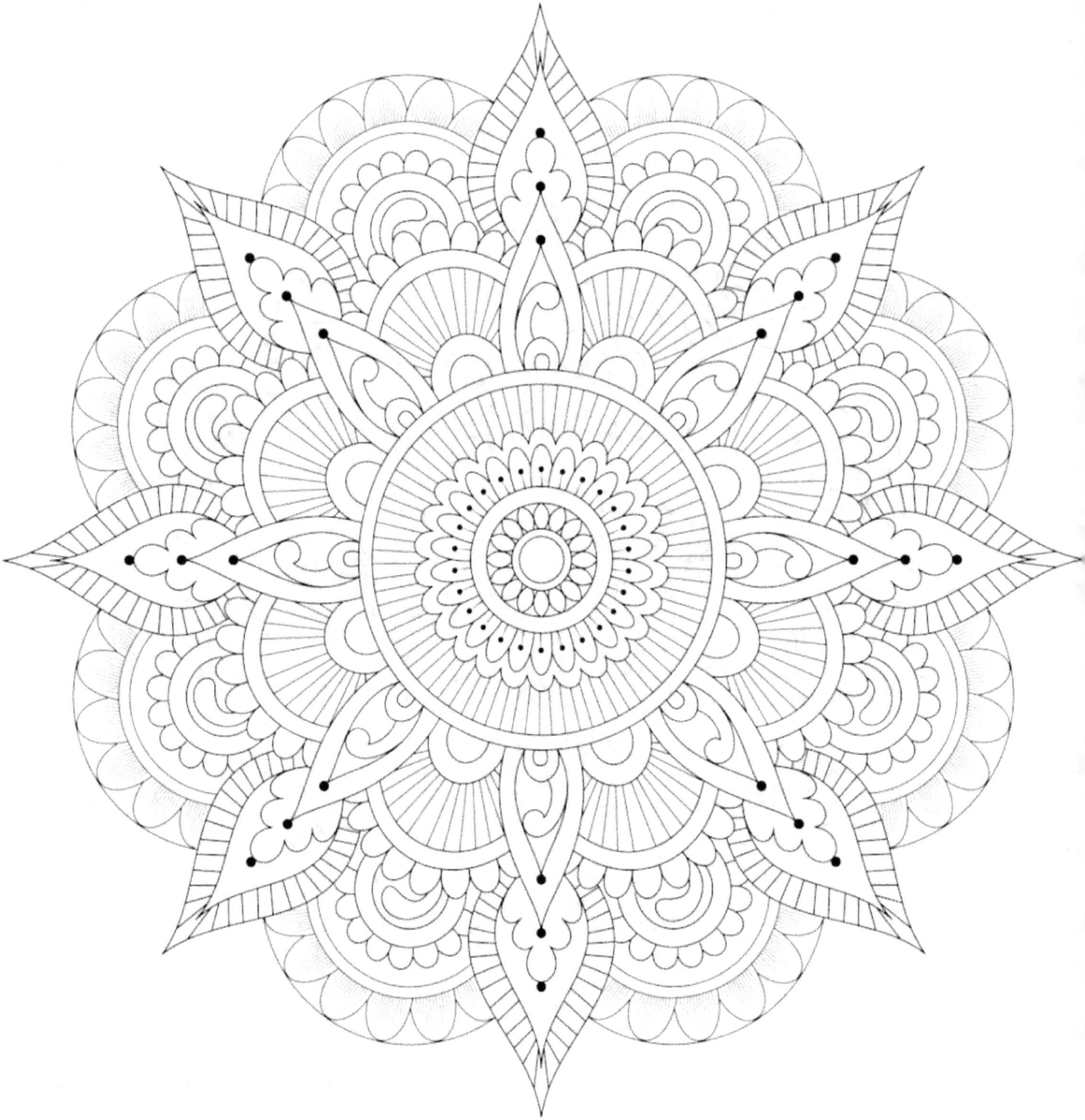

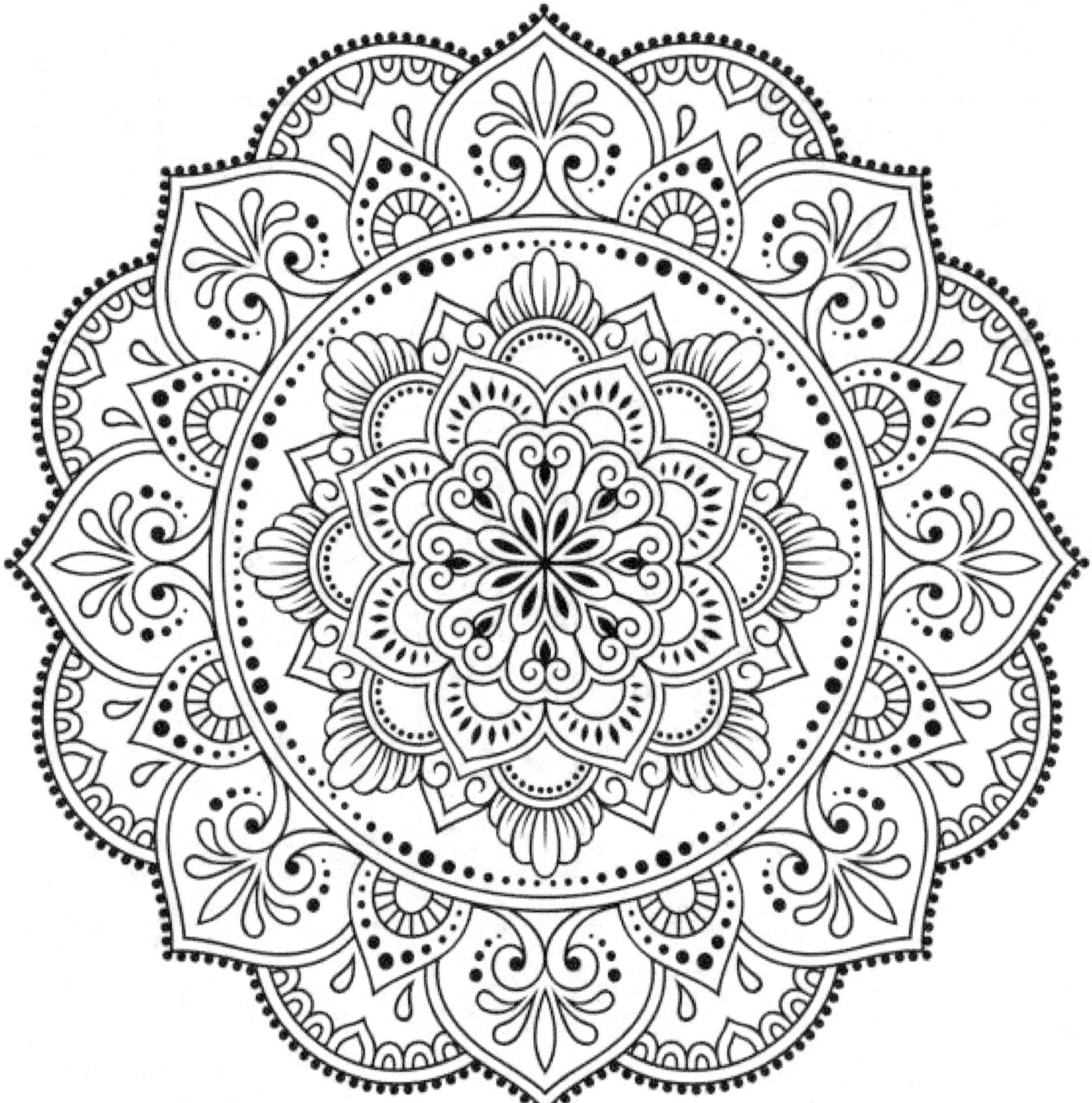

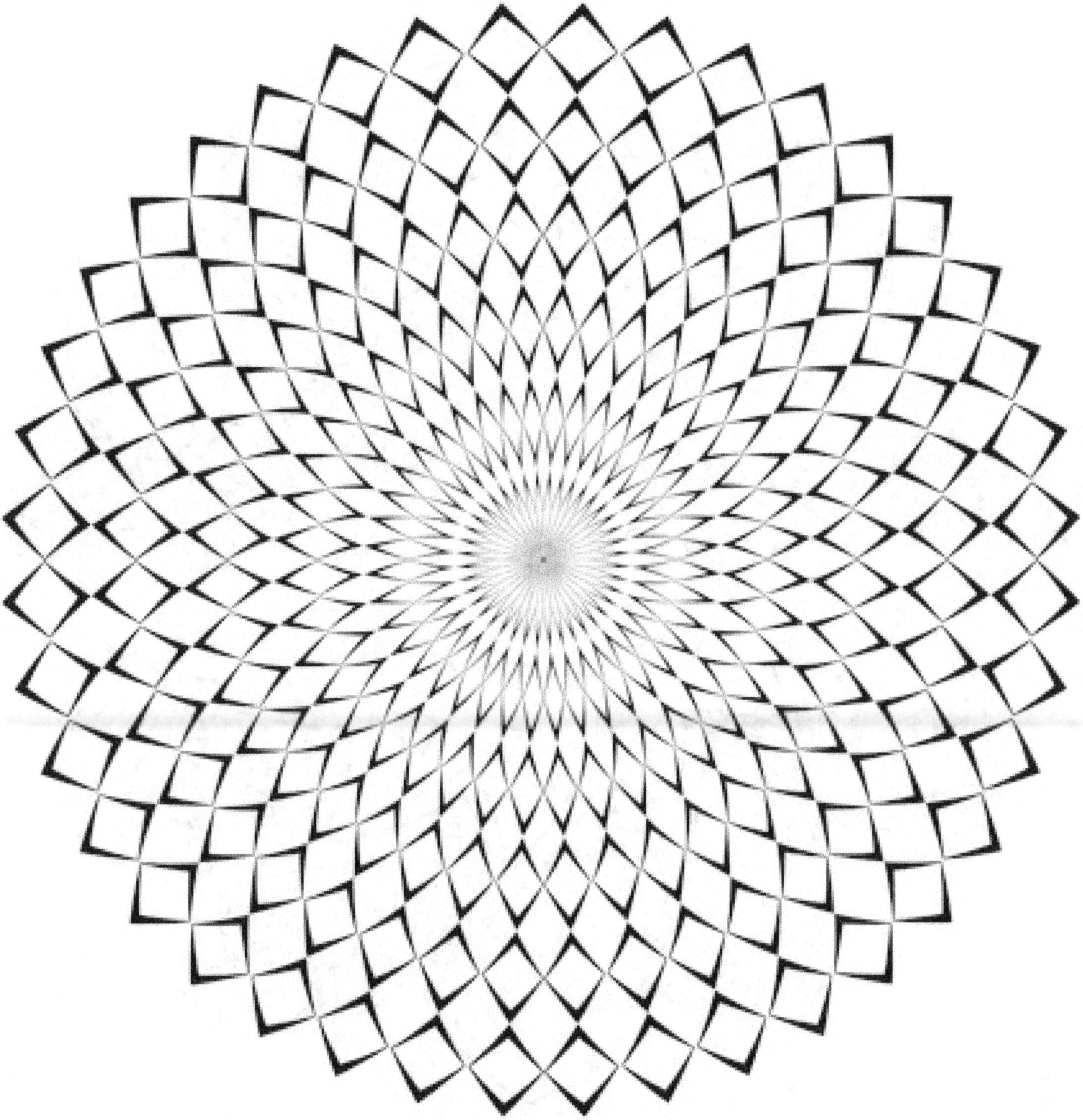

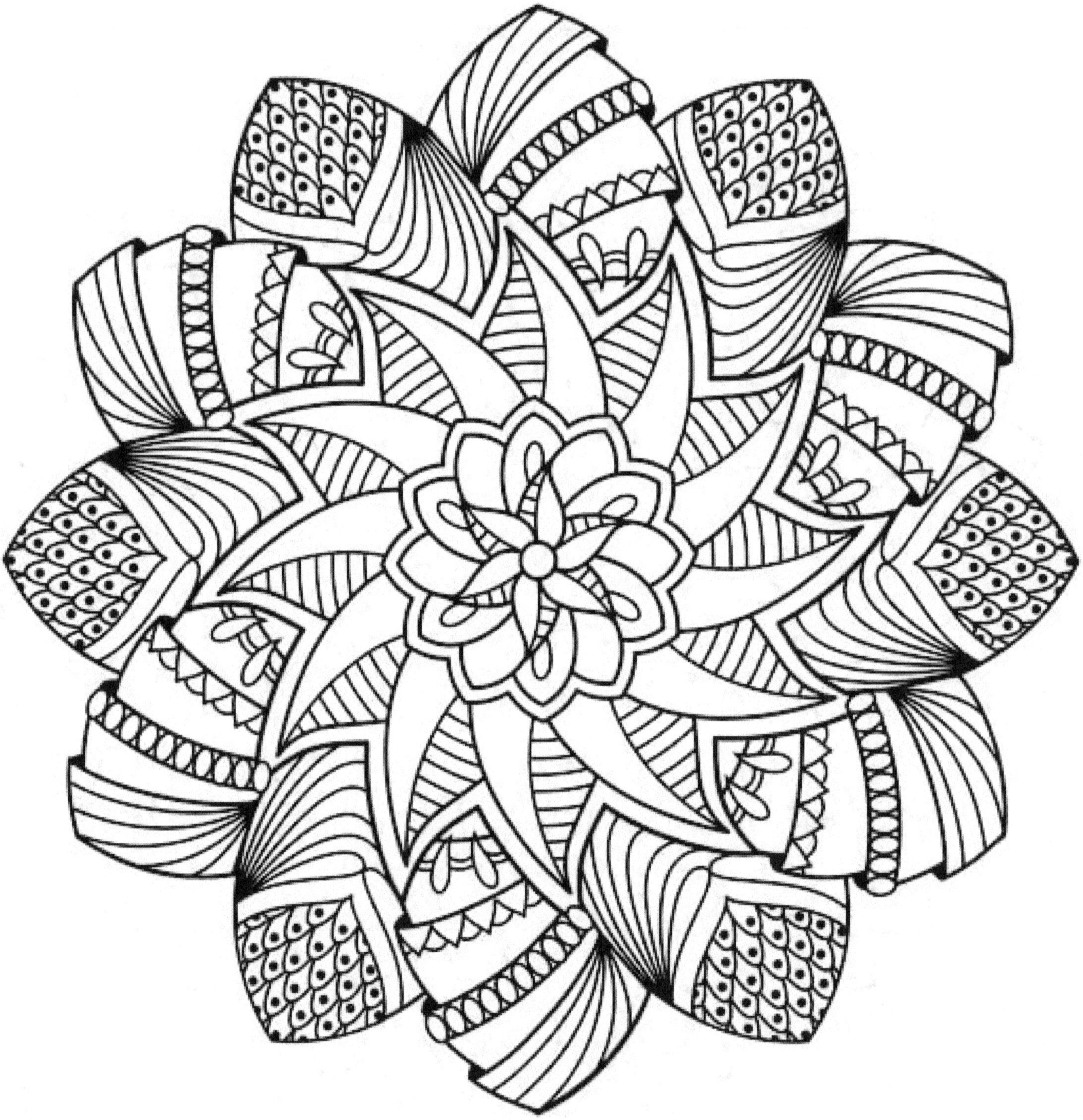

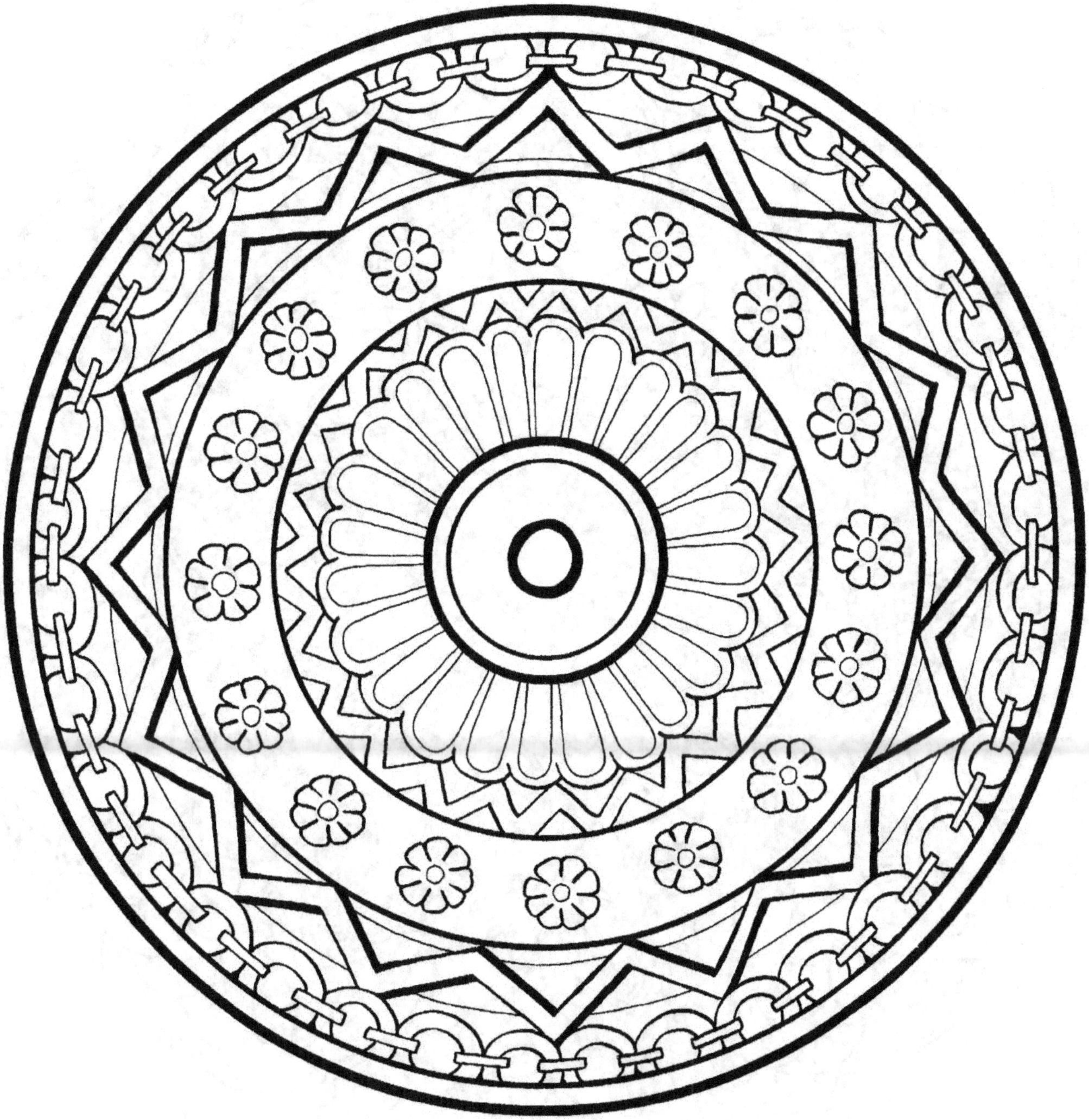

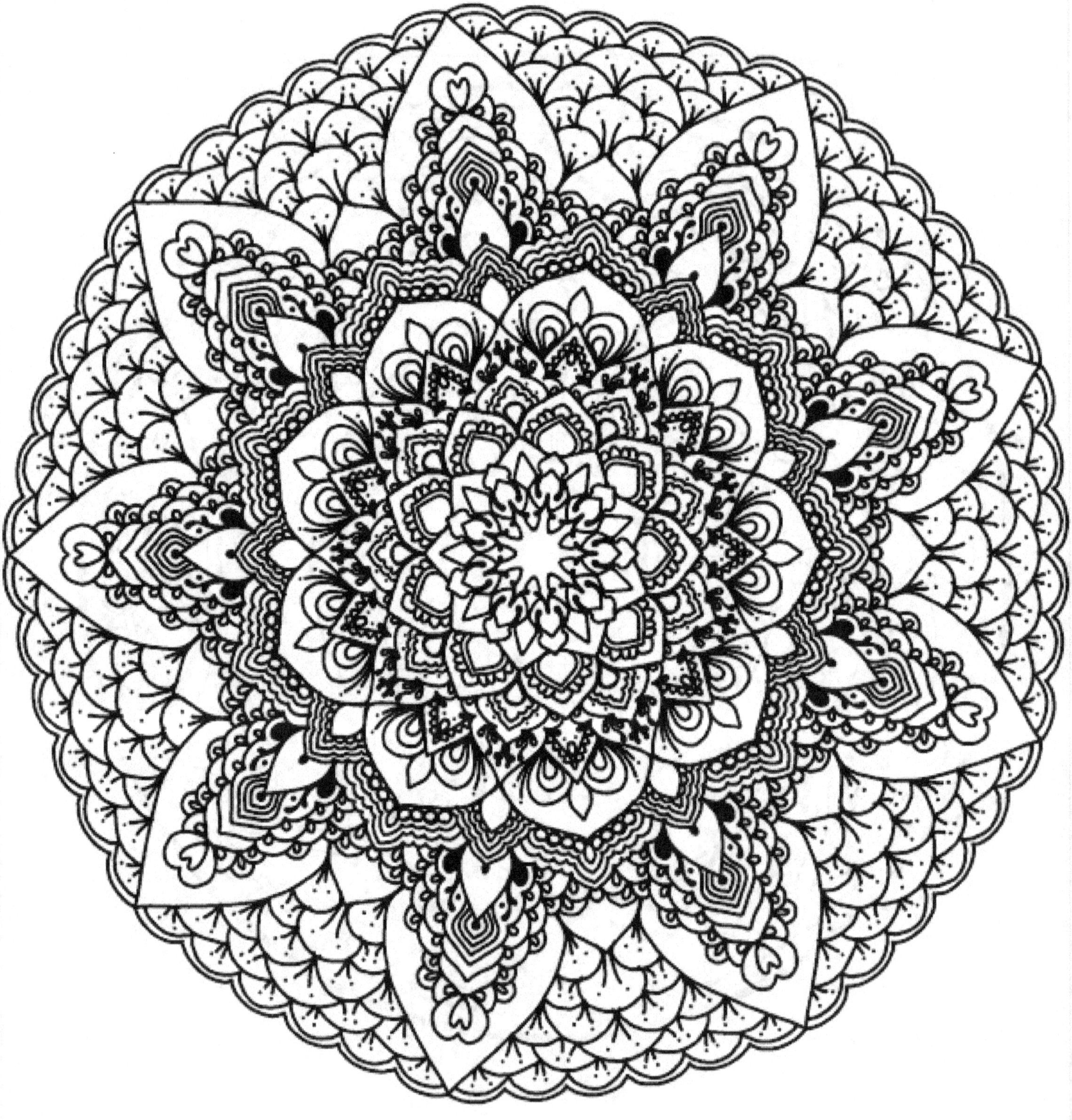

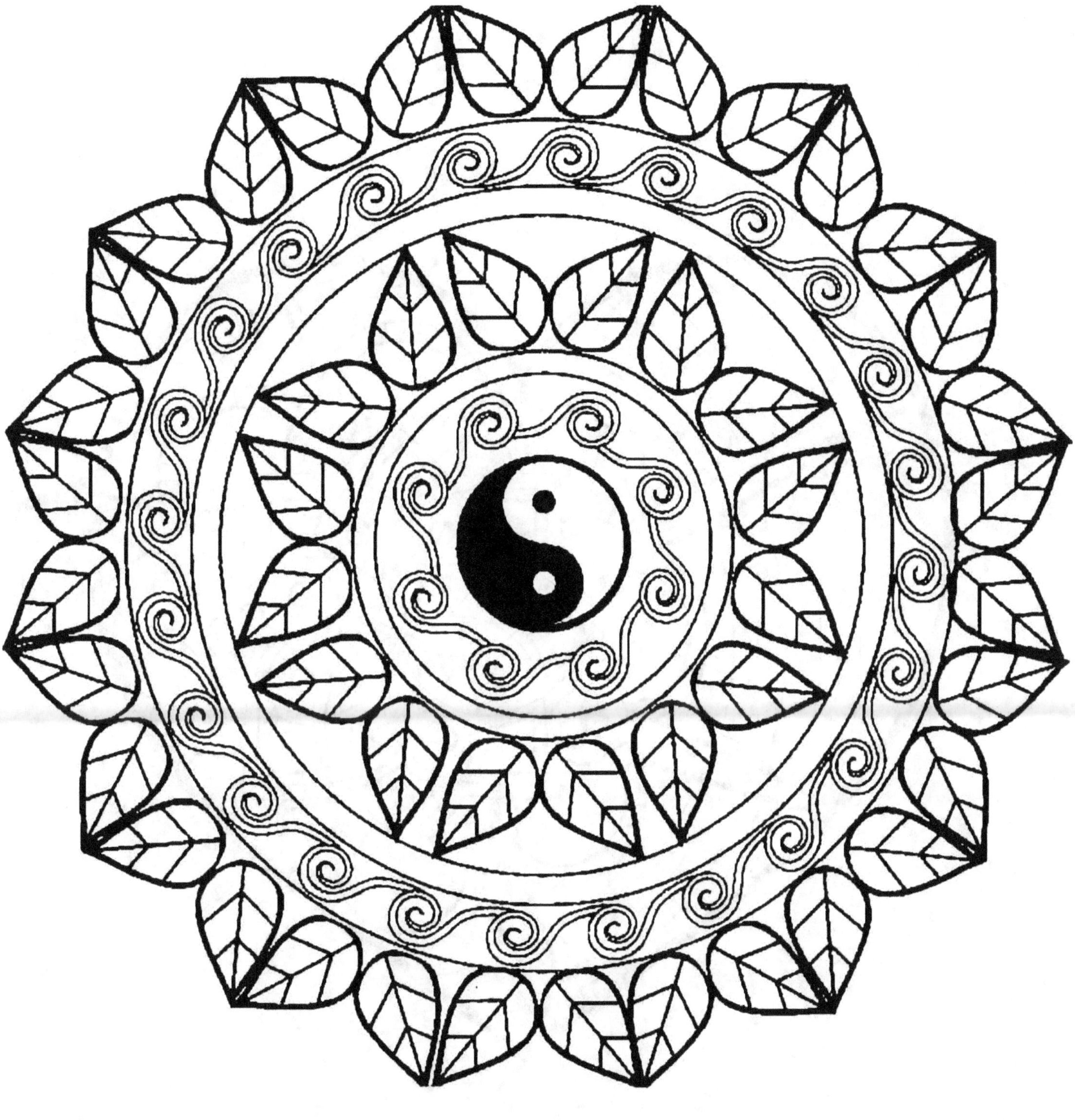

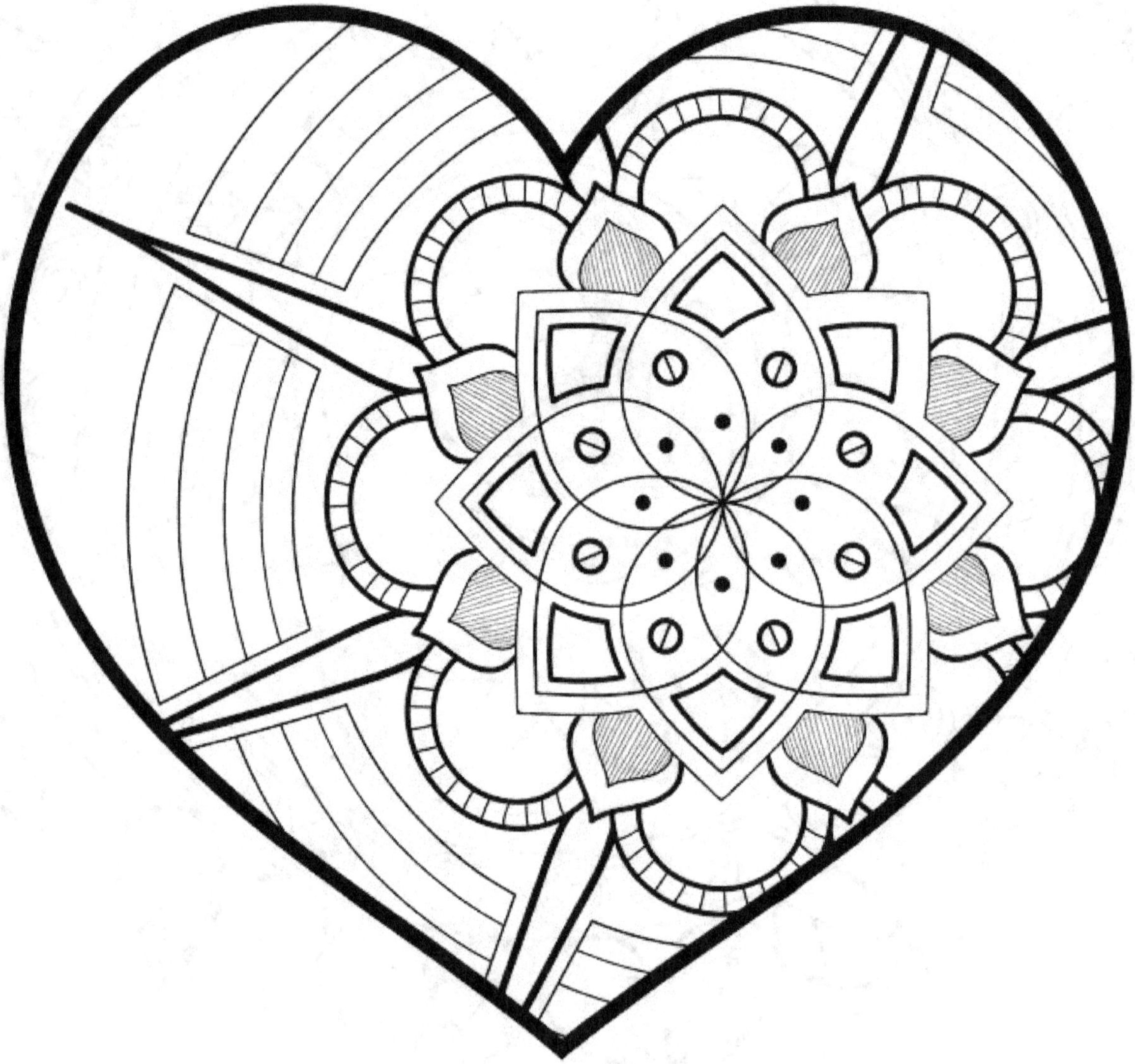

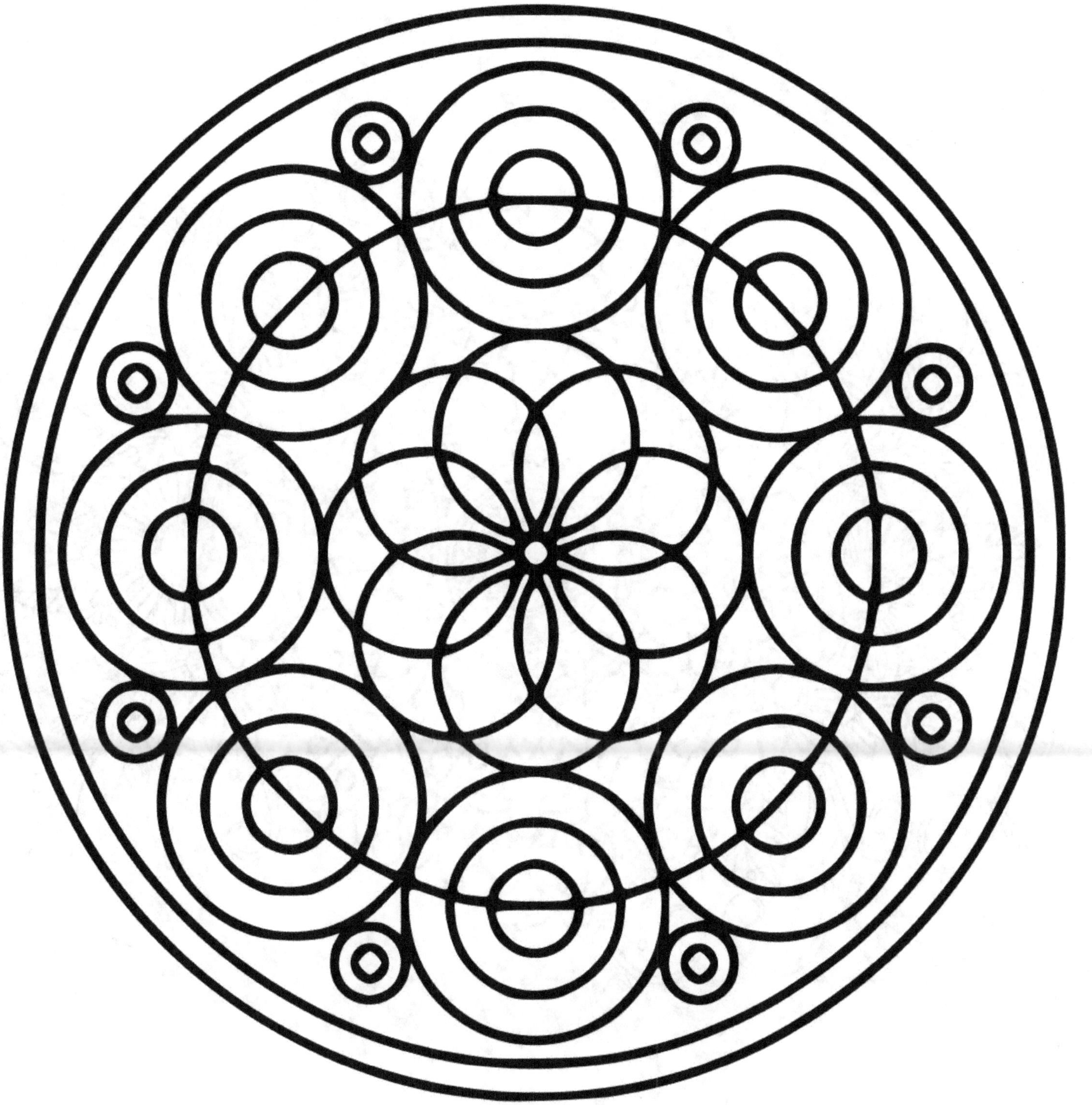

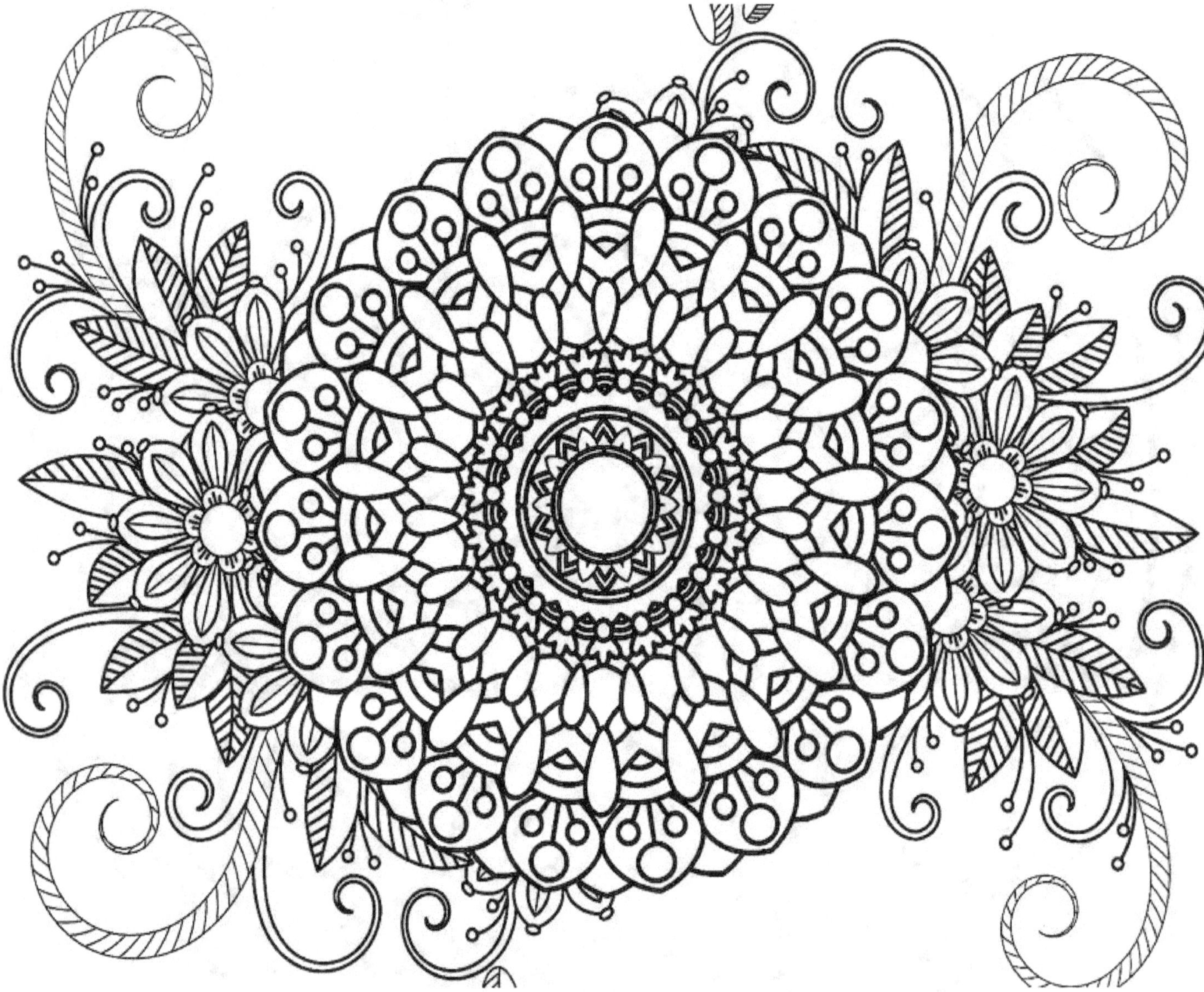

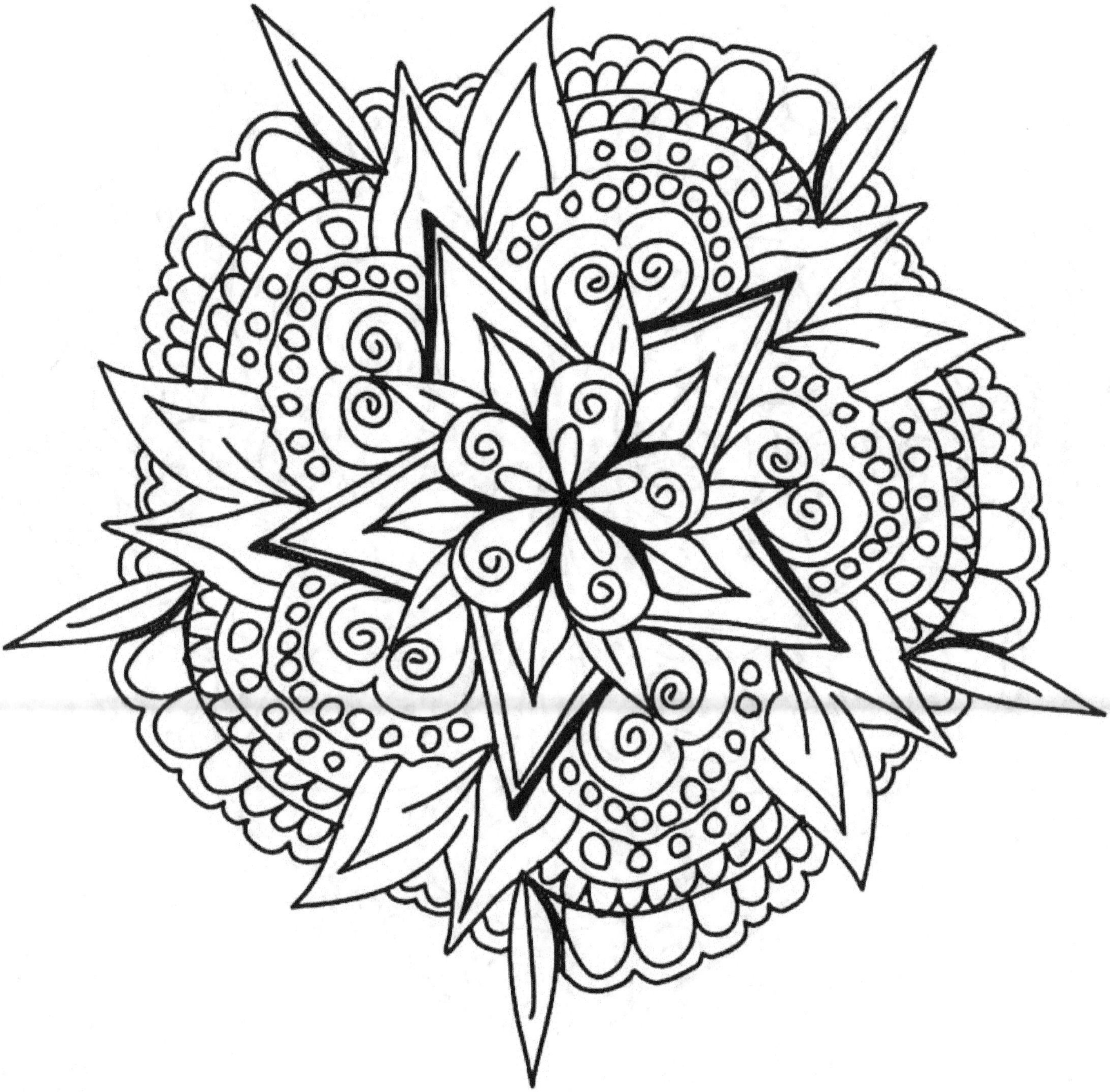

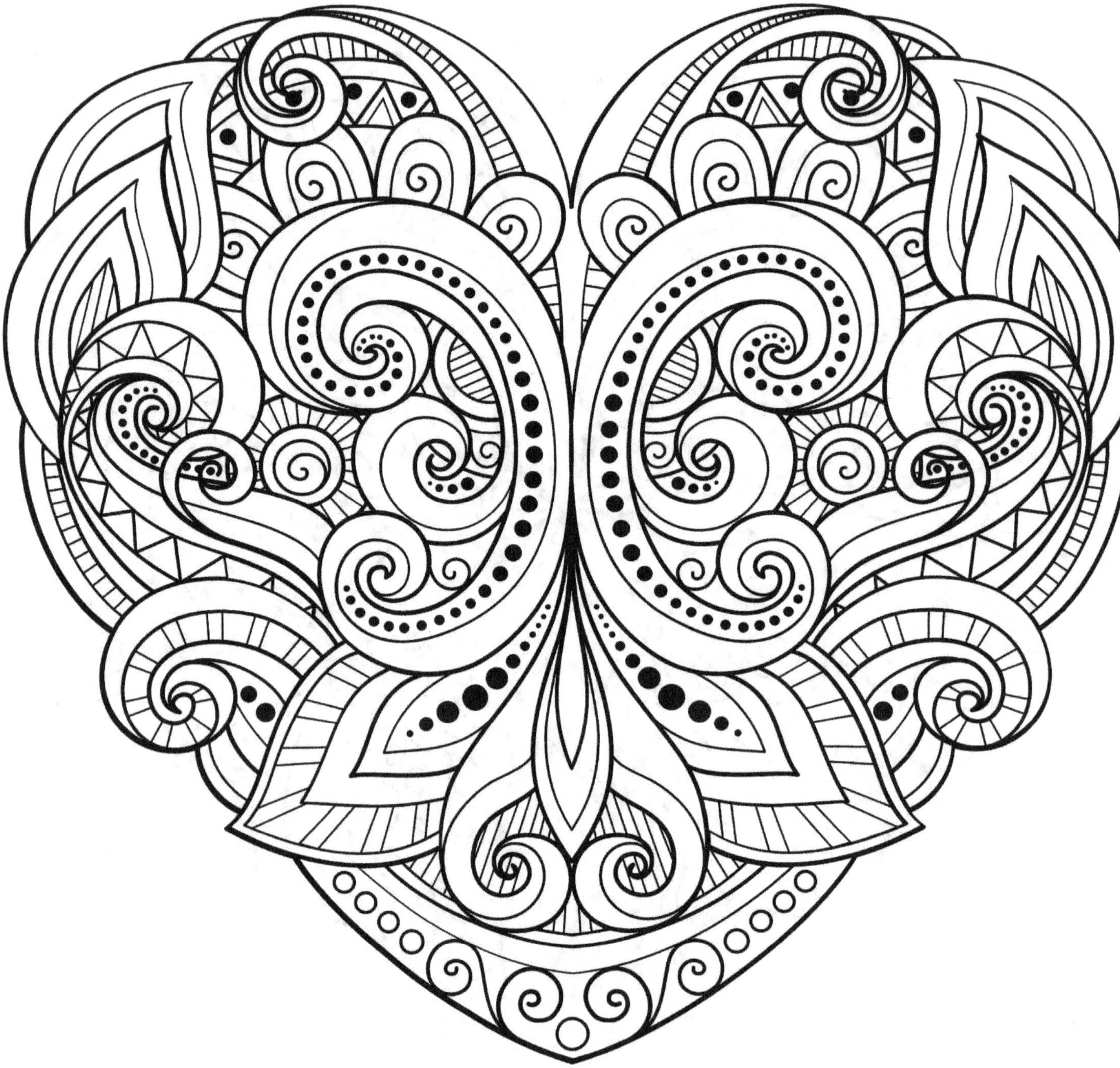

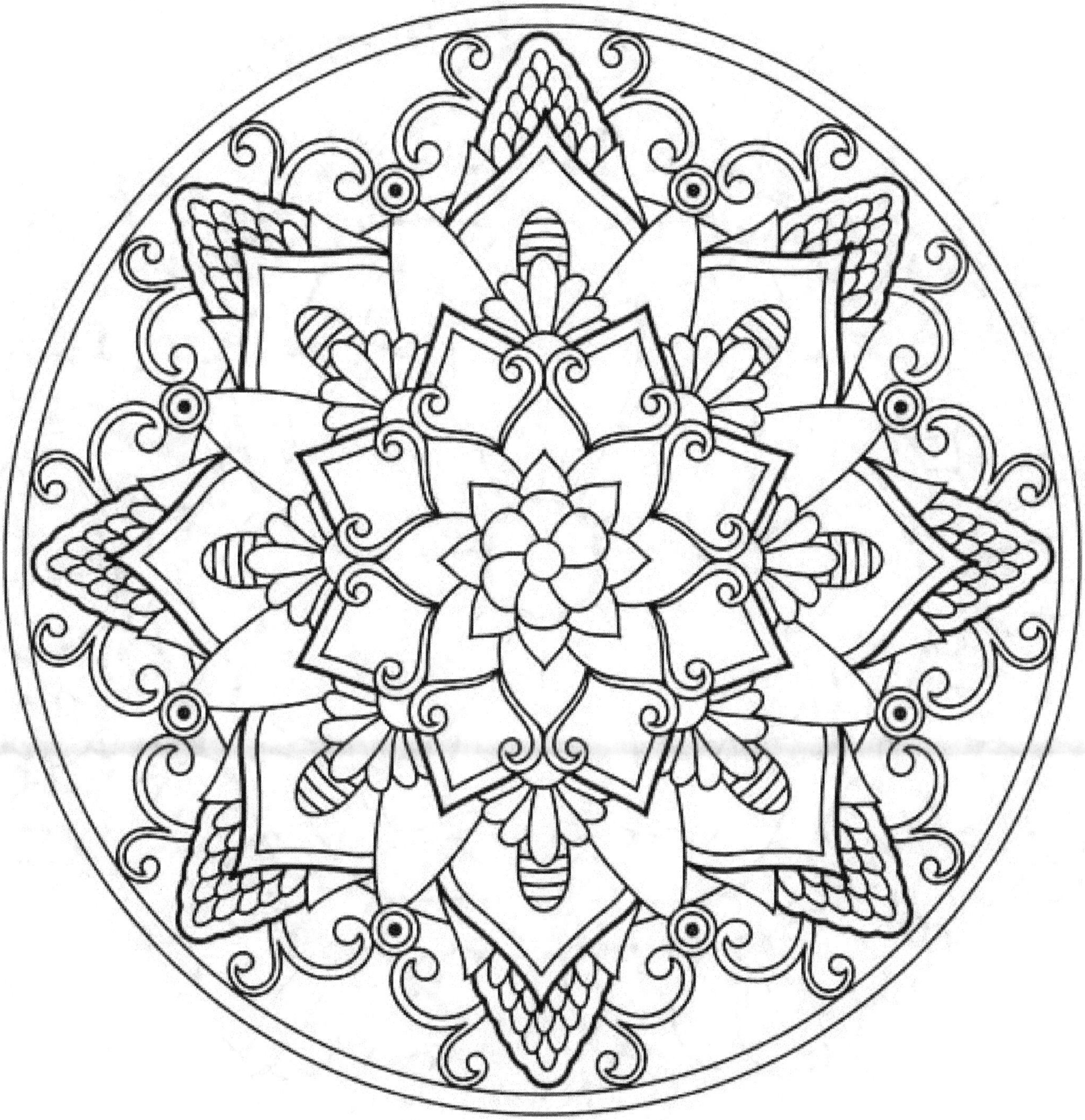

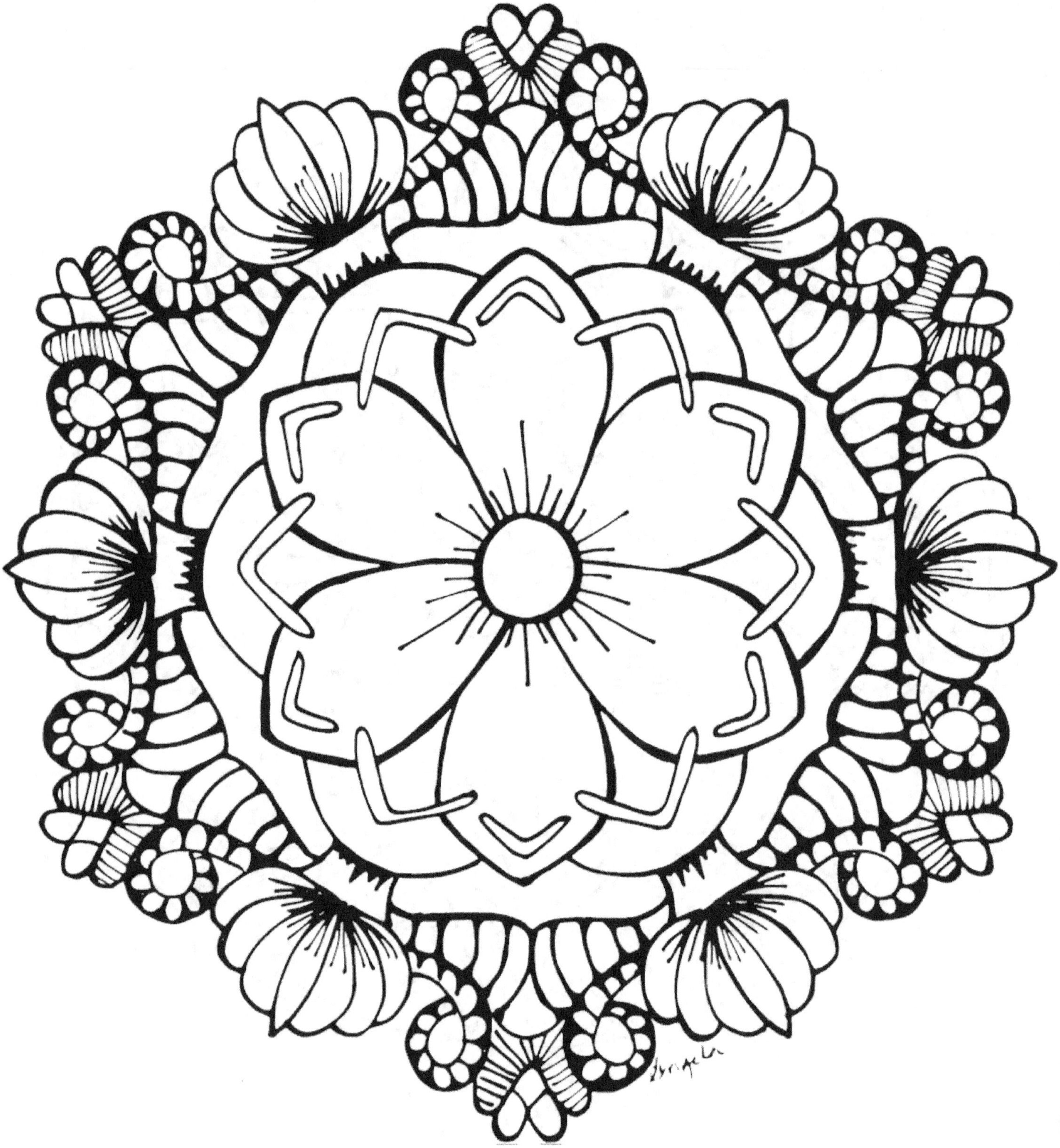

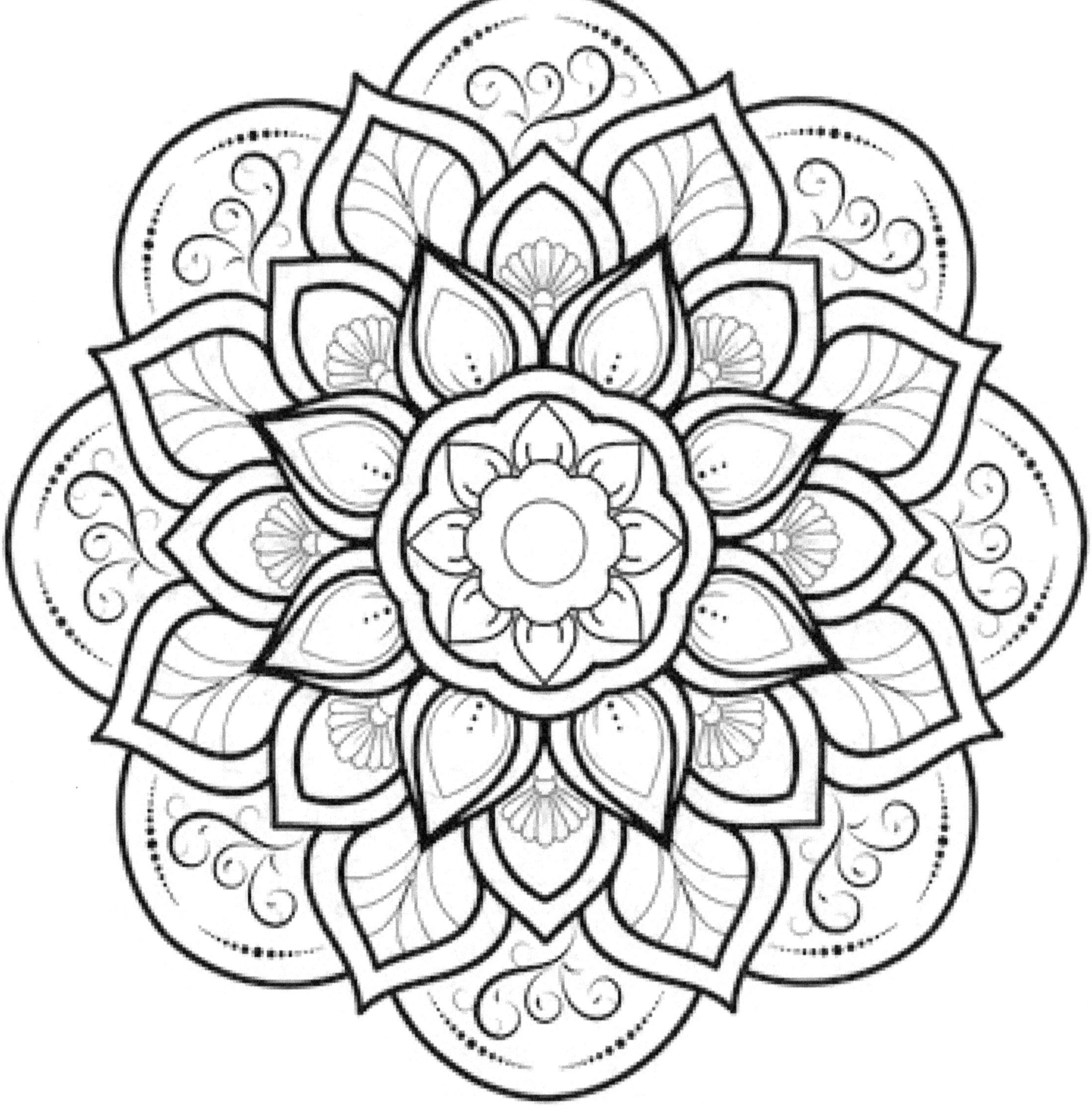

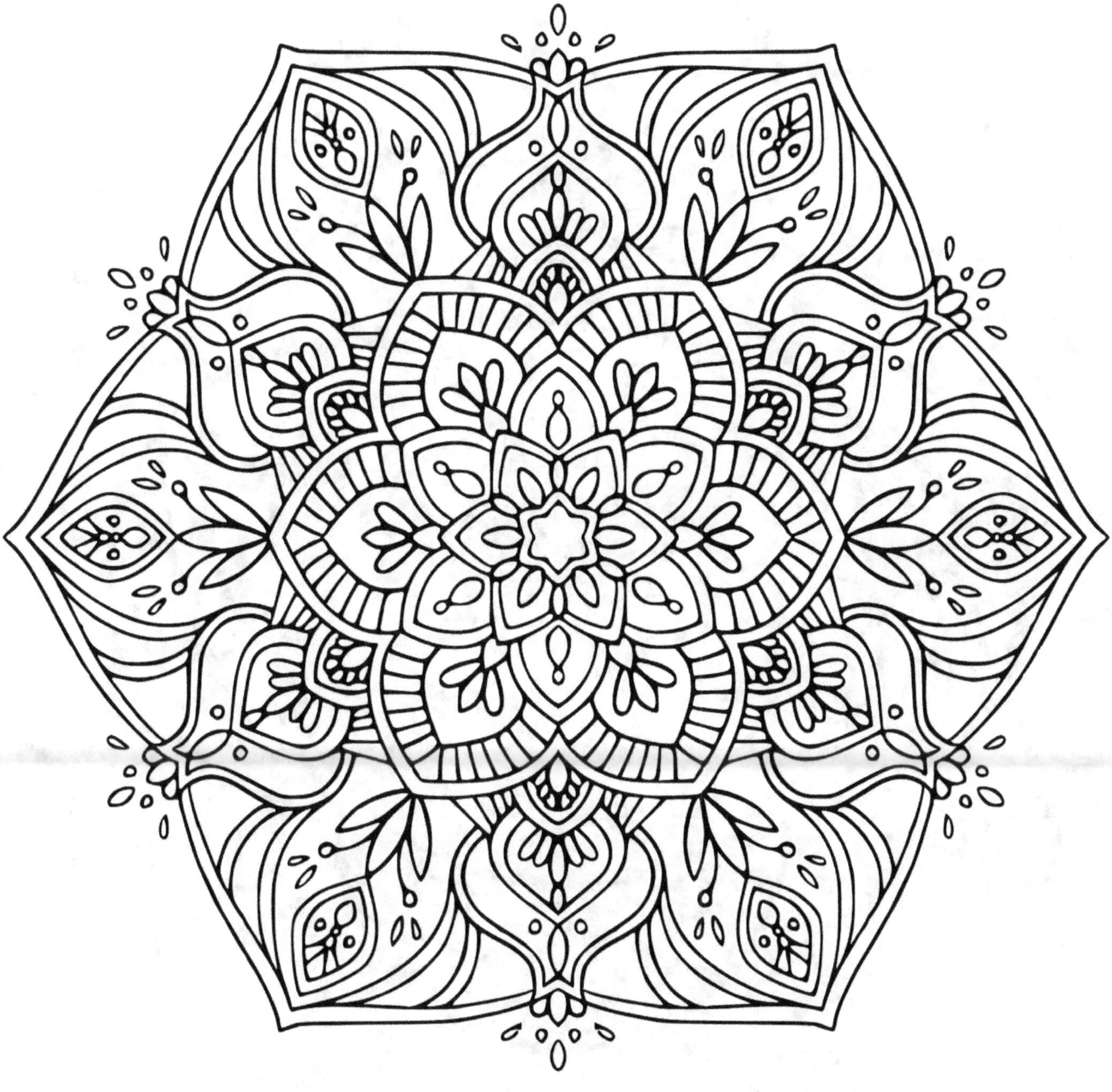

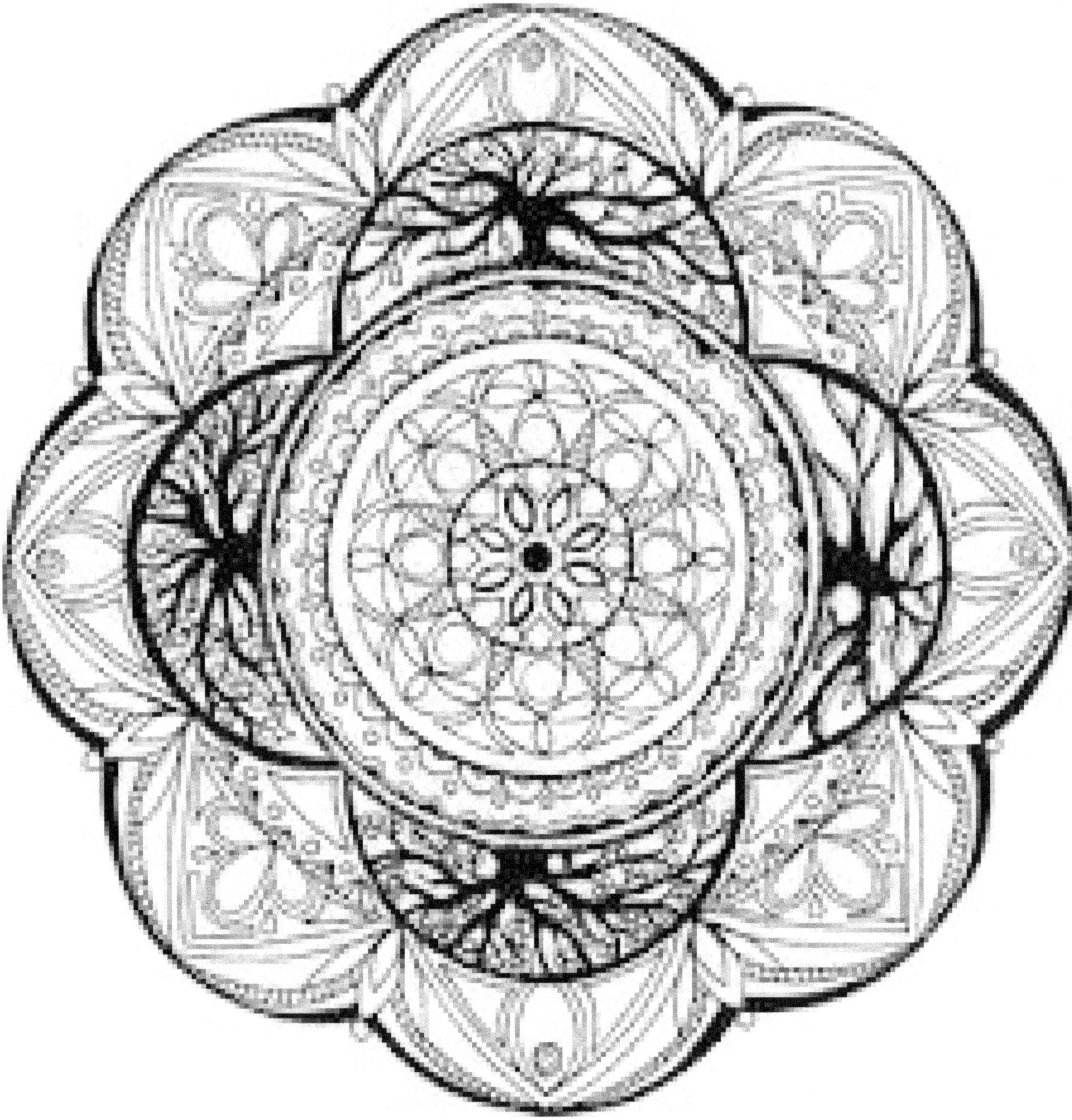

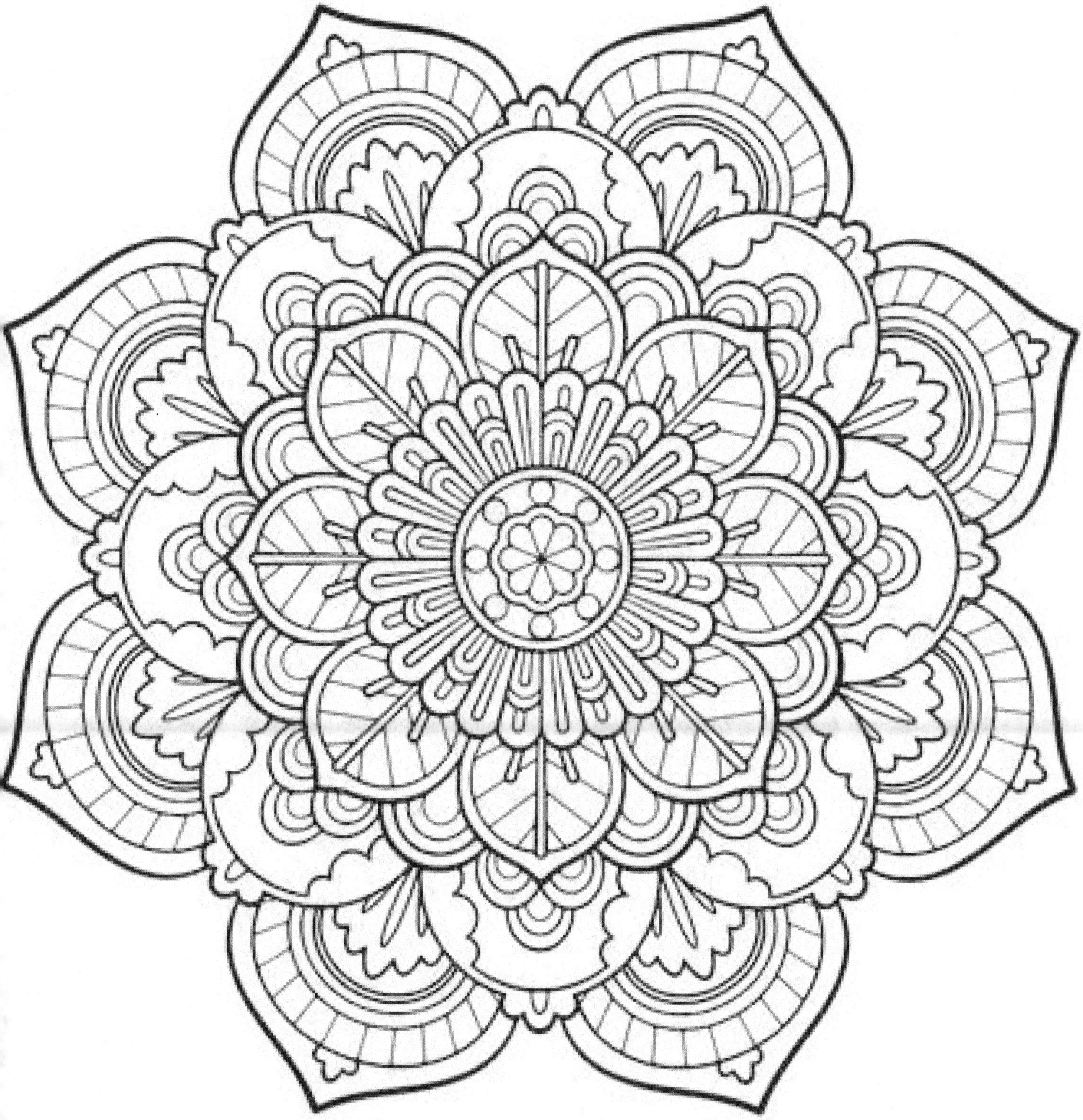

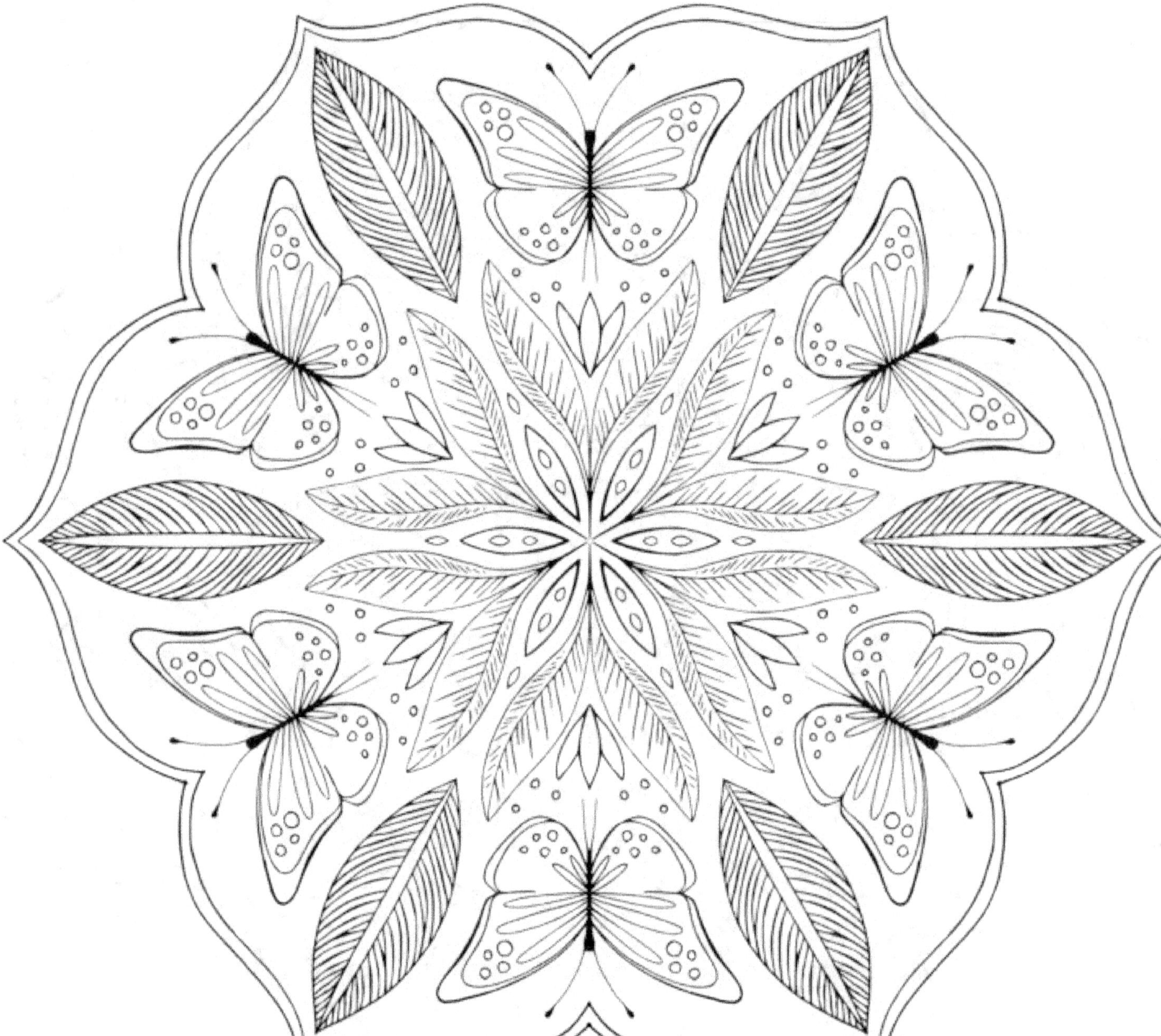

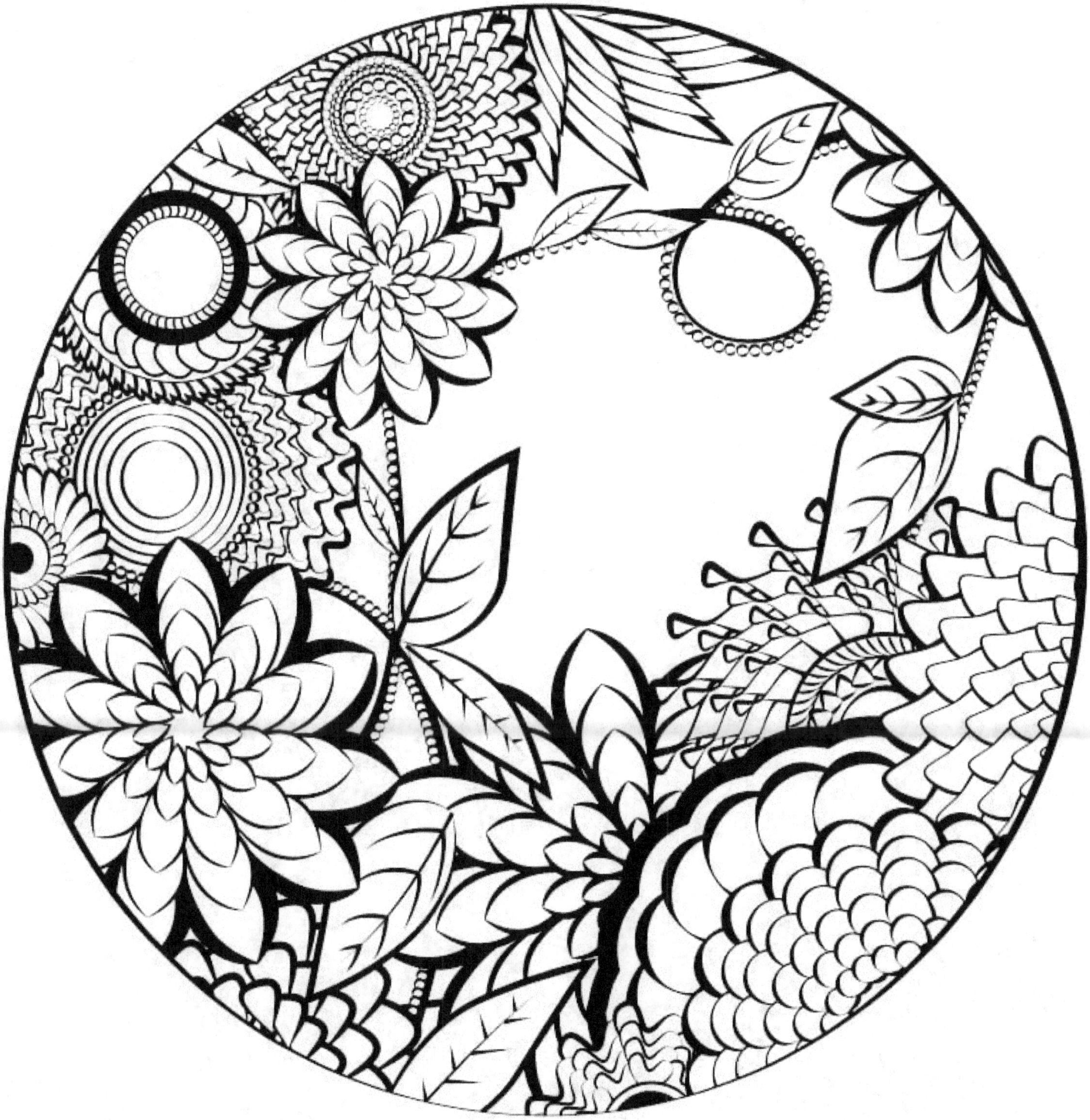

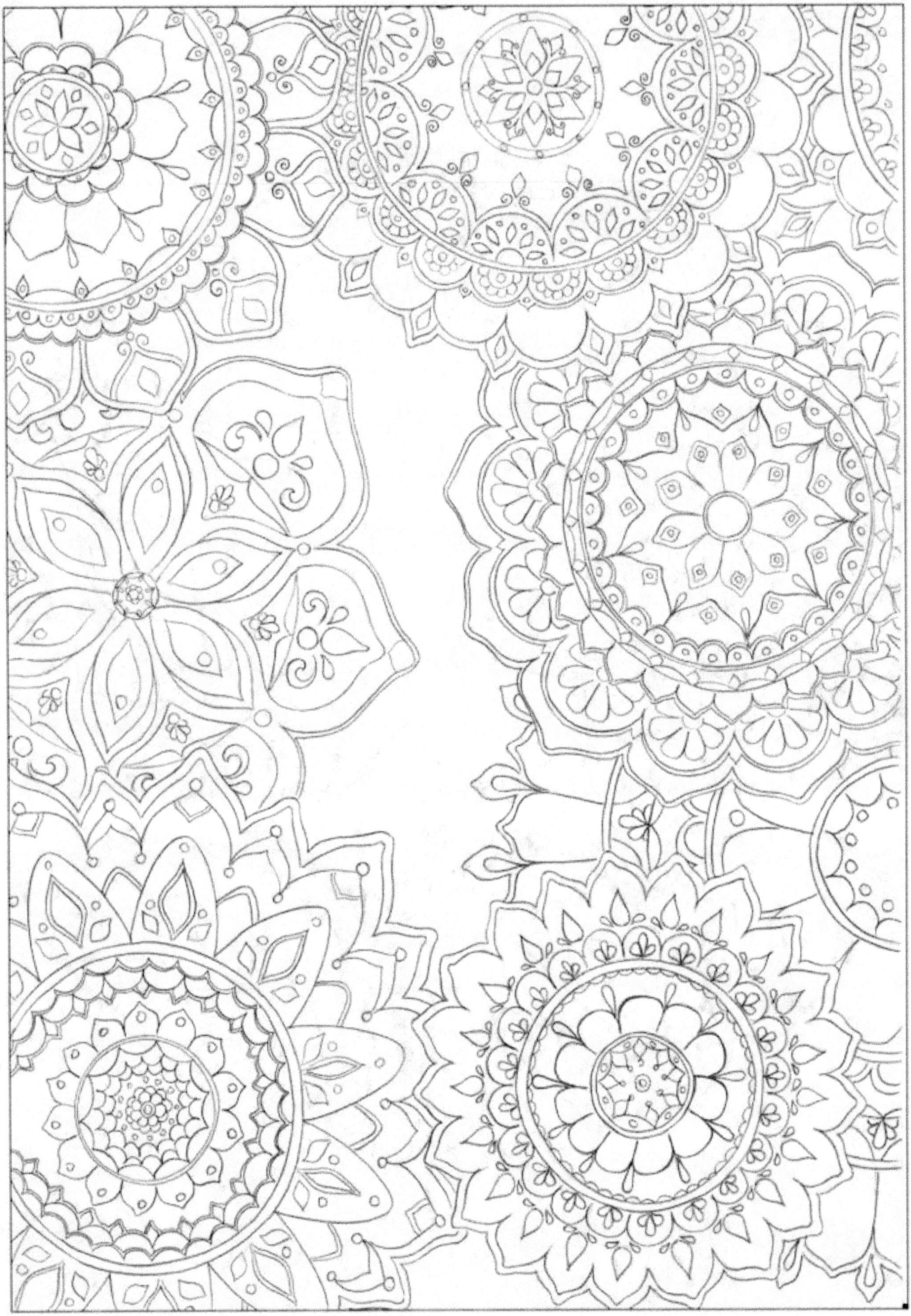

www.ingramcontent.com/pod-product-compliance
Lightning Source LLC
Chambersburg PA
CBHW080230220526
45467CB00035B/3438
* 9 7 9 8 3 8 9 0 2 4 0 2 1 *